Wolfgang Amadeus Mozart

SIX MASSES

in Full Score

From the Breitkopf & Härtel Complete Works Edition

DOVER PUBLICATIONS, INC., *New York*

Published in Canada by General Publishing Company, Ltd., 30 Lesmill Road, Don Mills, Toronto, Ontario.

Published in the United Kingdom by Constable and Company, Ltd., 3 The Lanchesters, 162–164 Fulham Palace Road, London W6 9ER.

This Dover edition, first published in 1992, is a republication of portions of Series 1: *Messen* and Series 24: *Supplement* from *Wolfgang Amadeus Mozart's Werke: Kritisch durchgesehene Gesammtausgabe*, originally published by Breitkopf & Härtel, Leipzig, 1878, 1882. Lists of instruments and translations of the texts have been added.

Manufactured in the United States of America
Dover Publications, Inc., 31 East 2nd Street, Mineola, N.Y. 11501

Library of Congress Cataloging-in-Publication Data

Mozart, Wolfgang Amadeus, 1756–1791.
    [Masses. Selections]
    Six Masses / Wolfgang Amadeus Mozart. — In full score.
    1 score.
    Latin words with English translations printed as text: p.
    Reprinted from his Werke, Ser. 1, Messen, and Ser. 24, Supplement; originally published: Leipzig : Breitkopf & Härtel, 1878, 1882.
    Contents: Mass (Missa brevis) in F major, K. 192/186f — Mass (Missa longa) in C major, K. 262/246a — Mass (Missa brevis) in C major, K. 258 — Mass (Missa) in C major, K. 317 : Coronation — Mass (Missa solemnis) in C major, K. 337 — Mass (Missa) in C minor, K. 427/417a.
    ISBN 0-486-27086-6
    1. Masses—Scores.
    M1010.M95M38   1992

                                                91-45946
                                                  CIP
                                                       M

Contents

Texts and Translations

KYRIE

Kyrie eleison.
Christe eleison.
Kyrie eleison.

GLORIA

Gloria in excelsis Deo, et in terra pax hominibus bonae voluntaus. Laudamus te, benedicimus te, adoramus te, glorificamus te. Gratias agimus tibi propter magnam gloriam tuam. Domine Deus, rex coelestis, Deus Pater omnipotens. Domine Fili unigenite, Jesu Christe. Domine Deus, Agnus Dei, Filius Patris. Qui tollis peccata mundi, miserere nobis. Qui tollis peccata mundi, suscipe deprecationem nostram. Qui sedes ad dexteram Patris, miserere nobis. Quoniam tu solus sanctus, tu solus Dominus, tu solus altissimus, Jesu Christe, cum sancto Spiritu in gloria Dei Patris, amen.

CREDO

Credo in unum Deum, Patrem omnipotentem, factorem coeli et terrae, visibilium omnium et invisibilium. Et in unum Dominum Jesum Christum, Filium Dei unigenitum, et ex Patre natum ante omnia saecula. Deum de Deo, lumen de lumine, Deum verum de Deo vero, genitum non factum, consubstantialem Patri, per quem omnia facta sunt. Qui propter nos homines et propter nostram salutem descendit de coelis. Et incarnatus est de Spiritu sancto ex Maria virgine, et homo factus est. Crucifixus etiam pro nobis, sub Pontio Pilato passus et sepultus est. Et resurrexit tertia die secundum scripturas, et ascendit in coelum, sedet ad dexteram Patris. Et iterum venturus est cum gloria judicare vivos et mortuos; cujus regni non erit finis. Et in Spiritum sanctum, Dominum et vivificantem, qui ex Patre Filioque procedit, qui cum Patre et Filio simul adoratur et conglorificatur, qui locutus est per prophetas. Et unam sanctam catholicam et apostolicam ecclesiam. Confiteor unum baptisma in remissionem peccatorum. Et exspecto resurrectionem mortuorum et vitam venturi saeculi, amen.

SANCTUS

Sanctus, sanctus, sanctus, Dominus Deus Sabaoth. Pleni sunt coeli et terra gloria tua. Osanna in excelsis.

KYRIE

Lord, have mercy on us.
Christ, have mercy on us.
Lord, have mercy on us.

GLORIA

Glory to God in the highest, and on earth peace to men of good will. We praise thee, we bless thee, we adore thee, we glorify thee. We give thee thanks for thy great glory. Lord God, heavenly king, God the Father almighty. Lord, the only-begotten Son, Jesus Christ. Lord God, Lamb of God, Son of the Father. Thou who takest away the sins of the world, have mercy upon us. Thou who takest away the sins of the world, receive our prayer. Thou who sittest at the right hand of the Father, have mercy upon us. For thou alone art holy, thou alone art the Lord, thou alone, Jesus Christ, with the Holy Ghost, art most high in the glory of God the Father, amen.

CREDO

I believe in one God, the Father almighty, maker of heaven and earth, and of all things visible and invisible. And in one Lord Jesus Christ, the only-begotten Son of God, born of the Father before all ages. God of God, light of light, true God of true God. Begotten, not made, consubstantial with the Father, by whom all things were made. Who for us men and for our salvation came down from heaven. And was incarnate by the Holy Ghost of the Virgin Mary, and was made man. He was crucified also for us, under Pontius Pilate suffered and was buried. And on the third day He rose again, according to the scriptures, and ascended into heaven, and sitteth at the right hand of the Father. And He shall come again with glory to judge the living and the dead; and His kingdom shall have no end. And [I believe] in the Holy Ghost, the Lord and giver of life, who proceedeth from the Father and the Son, who together with the Father and the Son is worshiped and glorified, who hath spoken by the prophets. And [I believe] in one holy catholic and apostolic church. I confess one baptism for the remission of sins. And I await the resurrection of the dead, and the life of the world to come, amen.

SANCTUS

Holy, holy, holy, Lord God of Hosts. Heaven and earth are full of thy glory. Hosanna in the highest.

BENEDICTUS

Benedictus qui venit in nomine Domini. Osanna in excelsis.

AGNUS DEI

Agnus Dei, qui tollis peccata mundi, miserere nobis.
Agnus Dei, qui tollis peccata mundi, miserere nobis.
Agnus Dei, qui tollis peccata mundi, dona nobis pacem.

BENEDICTUS

Blessed is He that cometh in the name of the Lord. Hosanna in the highest.

AGNUS DEI

Lamb of God, who takest away the sins of the world, have mercy on us.
Lamb of God, who takest away the sins of the world, have mercy on us.
Lamb of God, who takest away the sins of the world, grant us peace.

Instrumentation

MASS IN F MAJOR, K. 192/186F

Violins I, II [Violino]
Bass Instruments [Basso]
Organ [Organo]

Sopranos (including solo)
Altos (incl. solo)
Tenors (incl. solo)
Basses (incl. solo)

MASS IN C MAJOR, K. 262/246A

2 Oboes [Oboi]
2 Horns (C) [Corni in C]
2 Trumpets (C) [Trombe in C]
Violins I, II [Violino]
Bass Instruments [Basso]
Organ [Organo]

Sopranos (incl. solo)
Altos (incl. solo)
Tenors (incl. solo)
Basses (incl. solo)

MASS IN C MAJOR, K. 258

2 Trumpets (C) [Trombe in C]
Timpani
Violins I, II [Violino]
Bass Instruments [Basso]
Organ [Organo]

Sopranos (incl. solo)
Altos (incl. solo)
Tenors (incl. solo)
Basses (incl. solo)

MASS IN C MAJOR, K. 317 ("CORONATION")

2 Oboes [Oboi]
2 Bassoons [Fagotti]
2 Horns (C) [Corni in C]
2 Trumpets (C) [Trombe in C]
Alto Trombone
Tenor Trombone
Bass Trombone
Timpani

Violins I, II [Violino]
Cellos
Basses [Contrabasso]
Organ [Organo]

Sopranos (incl. solo)
Altos (incl. solo)
Tenors (incl. solo)
Basses (incl. solo)

MASS IN C MAJOR, K. 337

2 Oboes [Oboi]
2 Bassoons [Fagotti]
2 Trumpets (C) [Trombe in C]
Alto Trombone
Tenor Trombone
Bass Trombone
Timpani
Violins I, II [Violino]
Cellos
Basses [Basso]
Organ [Organo]

Sopranos (incl. solo)
Altos (incl. solo)
Tenors (incl. solo)
Basses (incl. solo)

MASS IN C MINOR, K. 427/417A

Flute [Flauto]
2 Oboes [Oboi]
2 Bassoons [Fagotti]
2 Horns (C) [Corni in C]
2 Trumpets (C) [Trombe in C]
4 Trombones
Timpani
Violins I, II [Violino]
Violas
Cellos ⎫
Basses ⎭ [Bassi]

Sopranos I, II [Canto] (incl. solos) ⎫
Altos ⎪
Tenors (incl. solo) ⎬ Choruses I, II [Coro]
Basses ⎭

SIX MASSES

Mass (Missa brevis) in F Major

K. 192/186f

Kyrie.

Gloria.

Credo.

Sanctus.

Benedictus.

(Andantino.)

Agnus Dei.

Mass (Missa longa) in C Major

K. 262/246a

Kyrie.

Gloria.

Allegro spiritoso.

Allegro spiritoso.

Credo.

Mass in C Major, K.262/246a   47

Adagio ma non troppo.

Allegro molto.

Et re_sur_re_xit ter_ti_a di_e, ter_ti_a di_e se_cun _ _ dum,se_cun_dum scri_

Et re_sur_re_xit ter_ti_a di_e, ter_ti_a di_e se _ cun _ dum,se_cun_dum scri_

Allegro molto.

ptu_ras, et a _ scen_dit, ascen_dit in coe_lum, se_det, se _ det ad dex_te_ram Pa_tris; et i _ te_rum ven_

ptu_ras, et a _ scen_dit, ascen_dit in coe_lum, se_det, se _ det ad dex_te_ram Pa_tris; et i _ te_rum ven_

Sanctus.

Benedictus.

Agnus Dei.

Allegro.

MASS (MISSA BREVIS) IN C MAJOR

K.258

Kyrie.

Gloria.

... ri_e e_lei _ son, Ky _ ri _ e____ e _ lei _ _ son, e _lei _ son, e_lei _ son.

e _ lei _ son, Ky _ ri _ e e _ lei _ son, e _ lei _ _ son, e _lei _ son, e _ lei _ son.

Ky _ ri _ e e _ lei _ son, e _ lei _ son, e _ lei _ _ son, e _lei _ son, e _ lei _ son.

_ lei _ son,____ Ky_ri_e e _ lei _ son, e _ lei _ _ son, e_lei _ son, e_lei _ _ son.

TUTTI
Glo_ri_a, glo _ ri_a in ex_cel_sis De _ o et in ter _ ra pax ho_mi_ nibus bonae

TUTTI
Glo_ri _a, glo _ ri_a in ex_cel_sis De _ o et in ter_ra pax, pax ho_mi_ni_bus bo_nae

TUTTI
Glo_ri_a, glo _ ri_a in ex_cel_sis De _ o et in ter_ra pax ho_mi_ni_bus bonae vo_lun_

TUTTI
Glo_ri_a, glo _ ri_a in ex_cel_sis De _ o et in ter_ra pax ho_ mi _ ni_bus bo_nae, bo_nae

TUTTI

Allegro.

Mass in C Major, K.258   95

Credo.

Sanctus.

Benedictus.

Agnus Dei.

Mass in C Major, K.258   121

MASS (MISSA) IN C MAJOR ("CORONATION")

K. 317

Kyrie.

Gloria.

Allegro con spirito.

Allegro con spirito.

Mass in C Major ("Coronation"), K.317

Credo.

154   *Mass in C Major ("Coronation"), K.317*

Sanctus.

Mass in C Major ("Coronation"), K.317 157

Benedictus.

Agnus Dei.

Oboi.

Corni in C.

Violino I.

Violino II.

Soprano.

Violoncello, Contrabasso, Fagotti ed Organo.

san _ na in excel _ sis, in ex _ cel _ _ sis, in excel _ sis, in excel _ sis.

san _ na in excel _ sis, in ex _ cel _ _ sis, in excel _ sis, in excel _ sis.

Mass (Missa solemnis) in C Major

K. 337

Kyrie.

Allegro molto.

Gloria.

Gloria in ex‿cel‿sis, in excel‿sis De‿o, et in ter‿ra pax, in ter‿ra pax ho‿minibus bo‿nae

Gloria in ex‿cel‿sis, in excel‿sis De‿o, et in ter‿ra pax, in ter‿ra pax ho‿minibus bo‿nae

Allegro molto.

Allegro vivace.

Credo.

Sanctus.

Benedictus.

Mass (Missa) in C Minor

K. 427/417a

Kyrie.

leison, e _ leison, e _ lei _ _ _ son. Chri _ ste, Christe e _ lei _ son, Christe, Chri _ ste

e _ leison, e _ lei _ son.

e _ leison, e _ lei _ son.

Laudamus te.

mus pro _ pter magnam glo_riam, pro _ pter magnam glo _ ri_am tu _ _ am.

mus pro _ pter magnam glo_riam, pro _ pter magnam glo _ ri_am tu _ _ am.

Domine.

Allegro moderato.

Violino I.

Violino II.

Viola.

Canto I.

Canto II.

Organo e Bassi.
Fagotto col Basso.

Qui tollis.

Quoniam.

mus, al _ tis _ si _ mus.

mus, al _ tis _ si _ mus.

Jesu Christe.

Cum sancto spiritu.

Cum san _ _ _ _ _ cto spi _ ri _ tu in glo _

Cum san _ _ _ cto spi _ ri _ tu in glo _ _ _ _ _ _ _ ri _ a De _ _ i patris

tasto

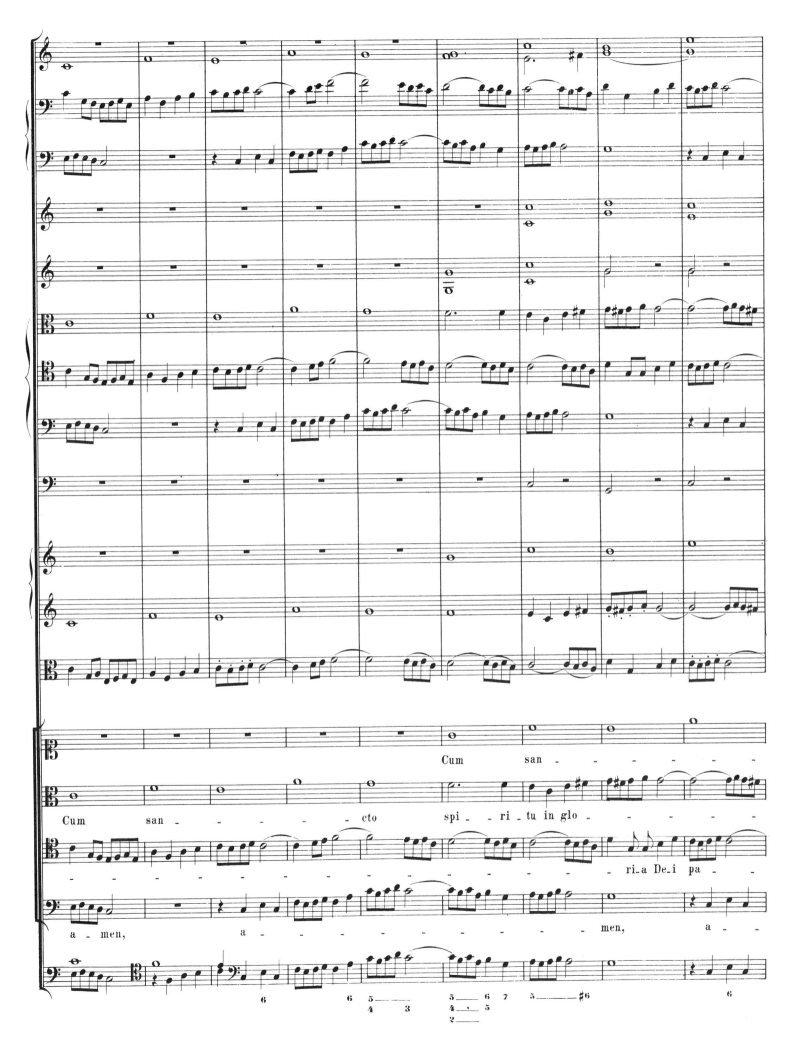

Credo.

Allegro maestoso.

Oboi.

Fagotti.

Corni in C.

Violino I.

Violino II.

Viola.

Canto I.

Canto II.

Alto.

Tenore.

Basso.

Bassi.

Et incarnatus est.

Flauto solo.

Oboe solo.

Fagotto solo.

Violino I.

Violino II.

Viola.

Canto.

Bassi.

ex Ma_ri_a vir_gi_ne, et ho_mo fa_ctus est, et ho_mo fa _____

Sanctus.

san _ na in ex_cel _ sis,   in ex_cel_sis   o _ san _ na in ex _ cel _ sis, in ex.cel _ sis, in ex.cel_sis.

san _ na in ex_cel _ sis,   in ex_cel_sis   o _ san _ na in ex _ cel _ sis, in ex.cel _ sis, in ex.cel_sis.

Benedictus.